QUE NO ACABE ESTE BLUES

NOS
IMPULSA Junta de
Castilla y León

Suite Virginia es una colección dirigida por F.D.V.

1ª edición: noviembre 2025
2ª edición: abril 2026

© Editorial Difácil, 2025
López Gómez, 32
47002 VALLADOLID
editorial.difacil@gmail.com
www.difacil.com
ISBN: 978-84-10363-15-1
Depósito Legal: VA 429-2025

Impreso en España

QUE NO ACABE ESTE BLUES

carlos aganzo

ilustrado por naiel ibarrola

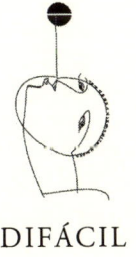

DIFÁCIL

Bourbon con la novia de Ben Webster

Él siempre le decía:
Si no bebieras, ay, si no bebieras,
subiría contigo hasta la última
cima de la delicia.
Pero no puede ser.
Ni tú tienes cabeza
ni yo tampoco botas de alpinista.

Mejor oír los grillos
afinando la noche en si bemol.
Mejor dejar que entren
las horas en las sábanas.
Mejor ceder al vicio
de mirar a los ojos
a la insolente luz de las farolas,
su amarillo fulgor, su competencia
con los claros de luna…

Si no bebieras, ay, si no bebieras,
sobre todo bourbon, yo bajaría
contigo hasta las grutas del infierno
sin miedo a pelearme
con sábanas ni ángeles
caídos en desgracia,
colgado del vibrato

de tu respiración
como un solo de jazz entre las llamas.

Qué tontería, amor, si no bebieras
(sobre todo bourbon)
¡acaso no serías la carne de mis sueños!
La perpetua inquietud.
La seca tentación del alma herida.

Pero no bebas más,

¿me lo prometes?

Ella dijo que sí. Pidió dos hielos
y miró su bourbon, como oro desleído,
nadar entre icebergs.
Después entró en el blues.

Que no acabe este blues

Every night you've been away
I've sat down and I have prayed
that you're safe in the arms of a guy
who will bring you alive.
(*I got the Blues*/ROLLING STONES)

Pienso que llevo demasiado tiempo
caminando descalzo
por el filo tajante de la vida.
Que me voy a caer siquiera sople el aire,
de costado o de nuca,
sobre la dura piedra del fracaso,
cuan largo y ancho soy.

Lo sé. Lo sé de sobra.
Pero espera a que acabe,
             que termine este blues.

Que leo demasiado.
Que escribo demasiado.
Que no distingo el cine de la vida.
La música del alma.
Que me gasto la nómina
en rosas amarillas.
Que me olvido de darles a mis hijos

dinero para el blues…
                    quise decir el bus.

Lo sé. Lo sé. ¿Qué quieres que te diga?
¡Pero espera a que acabe!

Que se quedan mis ojos
como rodajas tristes de sandía.
Como lija mi boca.
Mis pies llenos de sangre.
Mis manos como garfios
acechando ese cuerpo mientras duerme
y sueña con bailar… e irse mañana.
¿Qué crees, que no lo sé?

Lo sé perfectamente, pero espera,
espera que termine…

Cuando suena este blues, un blues cualquiera,
parece que la hora sea infinita.
Que el brillo de las luces
envuelva nuestros pasos como antes
de que perdiera el alma y los zapatos.

Que no se apague el pulso de este instante.
Que no acabe la noche.
Que no acabe este blues.

(Cada noche que has estado fuera / me he sentado y he rezado / para que estés a salvo en los brazos de un hombre / que te traerá con vida.)

Demasiado tarde

Sabes que se ha hecho demasiado tarde
para saber bailar.
Para estudiar solfeo y matemáticas.
Para hacer puenting
sobre las cataratas de Iguazú.
Para sentir la culpa
de llegar siempre tarde.
La culpa de no llegar…

Es tarde, amor. ¡Y tengo tantas ganas de dormir!

Sabes que se ha hecho demasiado tarde,
niña, para ser barman.
Para ser eremita
o cantante de blues.
Y dejar de vivir.
Y dejar de beber.

Para dejarte, amor, para dejarme.
¡Y tengo tantas ganas de dormir!

Sabes que se ha hecho demasiado tarde
para empezar a ser irreverente,
para pasarme las cosas por el forro.
Para adelgazar montando en bicicleta
estática o dinámica...
Para soportar *Juego de tronos*
y decir que me gusta,
que me encantan las series,
y ésta sobre todo...
Para dejar que un perro imaginario
lama mis lágrimas, mis ojos.
Demasiado tarde, ya para mis ojos.

Para ponerme corbata.
Para quitarme la chaqueta.
Para hacerme un tatuaje, un piercing.
Para ponerme un pendiente en la oreja que no es.

Para irme de Erasmus.
Para olvidar a Franco. A Julio Iglesias.
Al Niño Jesús de Praga.
Para olvidarme de mí, para olvidarte.

A tu puerta llamé,
¡mala suerte!, demasiado temprano.
Tal vez. En todo caso
es demasiado tarde ya para enmendar.
Al menos a este lado del espejo.

Es demasiado tarde. Estamos solos.
¡Y tengo tantas ganas de dormir!

Amor ciego de amor

When I saw you and that girl walkin'around,
Whooo! I would rather, I would rather go blind, boy.
(I'd Rather Go Blind/ETTA JAMES)

Creía que quería
ser libre como el viento,
y el humo de los cigarros
sobre las calles desiertas.
Pero cuando te vi caminando por la calle
con ese nuevo amigo
¡habría preferido quedarme ciego!

Ahora que has aprendido
a mirarme a los ojos, dime:
¿Ya para qué te sirve?
Tarde lo asumo. He sido tu cobaya
de amor todo este tiempo.
Dices que no, dices que es el fracaso
el que mueve tus tacones por la acera,
tu inveterada forma de hacer daño
a lo que más te importa...

¿Cómo puedo creerte?
¿Cómo puedo volver
a salir al asfalto si es posible

que te encuentre otra vez
con ese nuevo amigo
o con otro más alto,
resquebrajando el mundo con tu risa?

Esto es lo que me queda:
ir a ciegas, palpando
esquinas y portales.
Canturreando un blues
de Etta James a las cinco de la tarde.
Llorando como un niño
perdido en la belleza de lo oscuro.

Tete, recordando a Line.
Art Tatum, que era de Toledo.
O Tristano, tocando el clarinete en un burdel.
Turkisk Mambo o peor:
descenso al Maelström, el torbellino
donde se funden todas las mareas.

¡Así me quede yo,
ciego de amor y por los celos ciego!

(Cuando te vi a ti y a esa chica caminando, / Whooo!, preferiría, preferiría quedarme ciego, muchacho.)

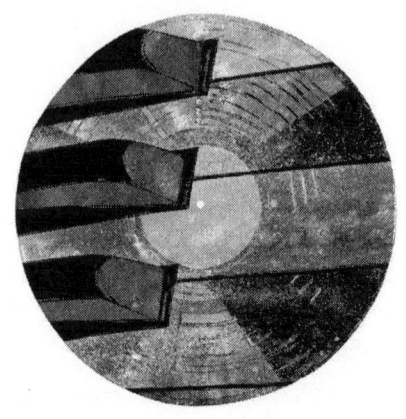

Cuando Helen mató a Lee

Todos sabéis que a Lee Morgan
le mató su mujer antes que el bourbon.
Helen se llamaba, su mujer.
Que lo hizo por celos, dicen.
Que lo hizo por amor.

Lee Morgan, lo sabíamos todos,
llegó a dar miedo a Gillespie.
Al igual que él, tenía una trompeta
con la boca hacia arriba.
        Tuvo incluso una trompeta con dos bocas:
una de ellas recta, y la otra
mirando al cielo del blues.

Porque cuando Lee tocaba
el cielo se movía.

Invierno en Nueva York, ya sabéis, hace frío.
Como decía Wayne Shorter,
había que comer muchos perritos calientes
para sobrevivir.
O buscarse un camello.
Eso sí, a la hora del espectáculo,
nada de tambalearse,
menos de trastabillar.
La corbata, con el nudo perfecto.
El traje, de cien dólares.

Los mejores tocaron con Lee.
Los mejores recordaban,
muchos años después de haberle visto
muerto a manos de Helen,
el timbre de la voz de su trompeta.
La música tiene estas cosas.
Y otras parecidas.

Dicen que el jazz de Lee era caliente,
a pesar de ser cool.
Como un bourbon con hielo.
Todo el mundo estaba loco por él.
Hubo incluso quien dijo
que su trompeta era más limpia

que la de Miles.
Tenía treinta y tres cuando murió.
La ambulancia tardó más de una hora
en llegar hasta el club.
Nueva York es muy frío. Es muy frío en invierno.
«Yo no recuerdo nunca haber llorado así»,
decía años después, en un documental,
el bajista del grupo.

Dicen que Lee y Helen se juntaron
buscando calor de hogar.
Nueva York, ya se ha dicho,
es muy fría en invierno.
Dicen también que Helen,
que era un poco mayor,
tuvo su primer hijo
con trece recién cumplidos.
Y otro a los catorce.

Hay muertes que explican todo.

Cuando Helen salió del trullo
vio volar una bandada
de patos que iban hacia el sur.
Y ella se volvió al sur, donde había nacido.
El sur, de donde acaso,
el blues tampoco nunca
debió de haber salido.

Dicen también que el que no ha oído
tan siquiera una vez
llorar a la trompeta de Lee Morgan
no sabe qué es el jazz.

Deep River
(No hay nadie que llore por mí)

En el río, en el río.
Y las gentes cantando por el río:
«¡Mi casa es el Jordán!»

En el río te esperan las turbinas,
la succión hacia el alba de los peces,
las huevas en el limo
y los besos con lengua de los barbos.
Tu cuerpo tumefacto y blanquecino
y un vacío de ampollas donde duermen
las larvas del futuro.
Tus hijos
         y mis hijos,
con branquias y sin dientes,
mullidos y felices,
oscuramente hermosos
viajando hacia las olas
del mar sin redención ni resistencia.

En el río, en el río,
en su fláccido amor libidinoso,
ansioso de vaginas y cartílagos,
de islas de cochambre entre las uñas,
de coágulos amnióticos
como en un desnacer en la penumbra,
mientras suenan guitarras
y las voces del coro entre la niebla:
«¡Mi casa es el Jordán!
¡Mi casa es el Jordán!»

En el río, en el río, muerto al fin en el río,
cogido de su mano,
hinchado como un sueño
de lluvia en los vapores de noviembre.

Y no llegar, amiga, a la otra orilla.
Y no llegar jamás.

(No hay nadie que llore por mí, / y todos los peces salen de juerga / cuando me llega el blues profundo del río.)

El Silencio de Roy Etzel

Mi padre me enseñó la música.
Tumbado en el sofá, los pies descalzos;
no importaba dormirse.
El temblor de los bafles con los graves
era como una caricia
por dentro del corazón
(entonces existía el corazón
y no estaba prohibido en los poemas).
Tenía sus razones.
Y un niño como yo las entendía.

A veces con Jim Reeves.
O con Madame Butterfly.
Pero casi siempre con las grandes orquestas:
Tal como éramos, con Ray Connif;
En forma, con Glenn Miller,
Caravan, con Duke Ellington.
Nada, en todo caso,
cuando tocaba el Silencio de Roy Etzel.

Ya sé que iba detrás, el viejo Roy.
Pero para mí siempre iba por delante
del jazz, de todo el jazz, del mundo.
De Dizzy y de Miles.
De Chet Baker y de Clifford Brown.

De Freddie Hubbard y de Wynton Marsalis.
Del loco doctor Bowie.
Por supuesto del rey Louis.

El Silencio de Etzel.
Qué quieres que te diga.
Estrellas en la noche.
El blanco de los ojos
temblando al mismo tiempo que las manos.
El sol bajo del mar.
Aquel embarcadero interminable
penetrando en el agua cadenciosa.
El tenue crepitar de las luciérnagas.
La silla, cara a cara con la luna.
La soledad secreta de los náufragos
que interpretan las voces del silencio.
Las ganas de llorar por cualquier cosa.
En aquella trompeta, en los violines
de Roy Etzel estaban los septiembres,
Lily Marlene y Lara,
la del Doctor Zhivago,
los ojos de la española,
arrivederchi, Roma…
Nada como el Silencio,
su vibrato final.

Yo no sabía gran cosa,
pero amaba a mi padre.

Y tenía el corazón dispuesto a la armonía.
Entonces, ya lo he dicho, existía el corazón.
Y tenía razones,
y claros en los bosques
que hoy no alcanzo siquiera a vislumbrar.

Qué lástima
que mi padre no sepa dónde guarda
el disco de Roy Etzel.

Qué lástima
no poder escuchar ya nunca más
su voz por vez primera.

Tiempos difíciles

Don't leave your house tonight,
just might get you killed.
Hard time blues,
just can't win.
(Hard Times Blues/VARGAS BLUES BAND)

¿Por dónde entró la peste,
si decías tener las ventanas cerradas
para no oír las voces de la calle?
¿Por dónde si evitabas
la puerta de la iglesia,
la luz del hospital?
¿Quién la trajo a tu casa?

Que son tiempos difíciles, me dices,
y finges que no escuchas
la voz de los mendigos
rebuscando en las calles desahuciadas
por el toque de queda.
Que llevamos también la muerte escrita
en la palma inocente de la mano.
Que es imposible ya
ganarle la partida al infortunio...

No salgáis esta noche.
Quedaos mejor cuidando vuestros libros.

Cerrad a piedra y lodo el corazón.

(No salgas de tu casa esta noche, / puede que te maten. / Blues de los tiempos difíciles. / Simplemente, no puedo ganar.)

He soñado de nuevo con el jazz

He soñado de nuevo con el jazz.
No sé si era Montmartre
o acaso era el Blue Note.
O la Cova del Drac.
O aquel club del adarve,
de frente a la Muralla.

Mirábamos los árboles,
mirábamos la tarde y los turistas
sentados a las mesas
liando sus cigarros.
Y de pronto, la música,
rodar de *feuilles mortes*:

Oh! Je voudrais tant que tu te souviennes
des jours heureux où nous étions amis!

Igual que si el amor
                hubiera regresado.

Pidió entonces su saxo Dexter Gordon,
que era Charlie Parker...
«¡Johnny, Johnny!», gritaban.
Y yo le acompañaba al contrabajo.
Y en las mesas de mármol los turistas

hacían la percusión…
Y era hermosa la tarde.
Y las risas bajaban en torrente hacia el río.

Estas cosas me pasan muchas veces.
Por eso cuando duermo, o estoy muerto,
a veces soy feliz.

Es tan corto el amor

I'm a guy you can't rescue
Oh, let me tell you I got the blues.
(*I Got the Blues*/SAM MYERS)

Lo cantaba Sam Myers.
Lo dijo Rita Hayworth agarrando el timón
de los besos oscuros.
Y hasta Pablo Neruda:
«Es tan corto el amor...»

Así que solo amando
hasta los mismos límites del tiempo
vencerás al amor.
Sirviéndote un licor de madrugada.
Revolviendo en el blues
hasta sentir qué escoria arde de nuevo
en las cenizas de tu corazón.

¡Cómo duele y qué dulce
saber que no la quiero!
Que solo quiero el humo
amargo de esta noche interminable.
Revolviendo en el blues.
Sintiendo su textura colosal.
¡Qué sonora victoria

del amor sobre el amor borrándolo!
Tatuándolo en el alma como todas
las cosas que se olvidan
(porque tal vez la quiero) para siempre.

Lo cantaba Sam Myers.
Lo decía la dama de Shanghai.
Lo invocaba el poeta rebuscando,
revolviendo en su blues
igual que un pordiosero del espíritu.

Ya no queda más noche.
Ni más hielo. Ni queda redención.
Hacedme caso, amigos.
Nunca volváis a casa antes de tiempo
si no lleváis un blues en la recámara.

(Soy un tipo al que no puedes salvar. / Oh, déjame decirte que tengo el blues.)

Semana de aguaceros

They call it stormy Monday,
But Tuesday's just as bad,
Lord, and Wednesday's worse
And Thursday's all so bad.
The eagle flies on Friday.
Saturday I go out to play
*(Storm Monday/*CREAM*)*

No lo consigo, no, no lo consigo:
llegar al viernes y no echarte a faltar
cada día y cada noche entre semana.
Me hundo en el sofá
los domingos bien tarde,
pensando que las cosas del trabajo
(el sudor, la impiedad, las caras feas)
me van a rescatar, en cuanto suenen
las campanas del lunes,
del agitado mar de la memoria.

Pero el lunes se anuncia tormentoso
y la lluvia, lo sabes,
siempre trae remembranza de licores,
de besos y de almohadas,
de aullidos y jadeos.
Y redobles de circo en los cristales.
El martes es peor, pues los augures

de la lluvia proclaman tempestades
al menos hasta el viernes.
¿Cómo voy a aguantar
las grisuras del día
(el sudor, la impiedad, las caras feas)
si se anuncian tormentas?
¿Cómo no voy a recordar tus pies descalzos
debajo de las sábanas,
los cuerpos encendidos
por la explosiva luz de los relámpagos?

Imposible parece
darle alcance ni al martes
ni al miércoles ni al jueves
si persisten las lluvias.
Imposible encontrar las energías
precisas para el viernes,
cuando salen las águilas
en busca de sus presas.
Los viernes, cuando yo me quedo en casa,
expuesto a la intemperie del recuerdo,
sin siquiera el recurso del hastío
(el sudor, la impiedad, las caras feas)
de las horas banales.
Entre vasos, botellas y ventanas,
y grifos que gotean
como un canto de lluvia de interior.

Con la luz de la entrada
encendida por ver si alguien regresa.

(Lo llaman lunes tormentoso / pero el martes es igual de malo / Señor, y el miércoles es peor, / ¡y el jueves es tan malo! / El águila vuela el viernes. / El sábado salgo a jugar.)

Solo amigos, lovers no more

Just friends, lovers no more.
Just friends, but not like before.
To think of what we've been and not to kiss again.
*(Just Friends, Lovers no More/*CHET BAKER)

Veo cómo te aislas
     y la niebla te engulle y en mí deja
sabor a cielo húmedo en la boca.
Las cosas están claras,
     cielo, las cosas están claras.
No bebes, no viajas, no recibes.
Solo viejos amigos, solo viejos
     amigos, y las fotos
que nos hacen llorar.
Si acaso, alguna noche,
     margaritas de plástico
en una mesa estrecha de bistró,
con música muy suave
     y reloj de pared
con agujas de niebla. Y horas cortas.

Si ya éramos tan pobres,
¿cómo hemos llegado a ser tan pobres?
Las cosas están claras: los horarios,
     la fiebre, los relámpagos,

los fuertes, las fronteras, las palabras
que un amigo jamás dice a su amiga.

Que no sabías, cielo, no sabías
        si te gustaba el blues.

Las cosas están claras.
La noche, iridiscente.
                Y el río es otro río.
Y yo tengo un agujero en el bolsillo.
                Y otro entre la espuma de los dedos.

(Solo amigos, ya no amantes. / Solo amigos, pero no como antes. / Pensar en lo que fuimos / y no volvernos a besar.)

Azul brumoso

I think of the things we used to do
And my whole world turns misty blue
(*Misty Blue*/DOROTHY MOORE)

Tu nunca me dijiste que eras mía.
Ni siquiera en los altos
                    momentos de la carne.
Decías otras cosas:
muérdeme, viólame, mátame, bébete
la espuma de mi aliento,
mis lágrimas, mi sangre...
Pero nunca dijiste que eras mía.

Y ahora pienso, mi amor, en cómo eras,
en las cosas que hacías.
Y la bruma me invade los pulmones.

Tú nunca me dijiste para siempre.
Ni siquiera en París. Libre te quiero:
cantabas y reías.
Y el tiempo se dormía entre tus piernas
como un niño de oro.
Pero nunca dijiste para siempre.

Y ahora pienso, mi amor, en cómo era,
en las cosas que hacía
para ganarme el agua de tu boca.
Y la bruma se hiela en el estómago.

Tampoco me dijiste que me amabas.
Ni siquiera en las playas de septiembre,
cuando el mar era nuestro,
y la sed, y las ínsulas y el aire
desbordaban las copas.
Pero nunca dijiste que me amabas.

Y ahora pienso, mi amor, en cómo éramos,
en las cosas que hacíamos
mirando al sol de frente,
viviendo encadenados,
bebiéndonos la noche…

Y la bruma me inunda el corazón.

Desvelo azul brumoso,
tan triste y seductor como la muerte.

(Pienso en las cosas que solíamos hacer / y mi mundo entero se vuelve azul brumoso.)

Almost blue en el Smalls Jazz de NY

There's a girl here and she's almost you.
Almost.
All the things that you promised with your eyes
I see in hers too.
Now your eyes are red from crying
*(Almost Blue/*CHET BAKER)

El bourbon tiene estas cosas, cielo.
Las luces de neón.
Lo que baila en los ojos

cuando los otros hablan
      y hablan, mientras beben
para arrostrar la noche,
los idus de septiembre en Nueva York.
Casi tú, estás ahí sentada,
con ganas de marcharte,
mientras te habla y te inquiere
ése que se camufla
      detrás de la columna
que no me deja ver si soy yo mismo.

Ese que ayer fui yo,
porque, cielo, esas cosas
pasan con el bourbon, que no calcula
la edad de los cristales
ni el ritmo de los hielos al fundirse.

Desde aquí puedo ver
      lo que baila en sus ojos.
La pegajosa absenta de la melancolía.
Ella casi eres tú.
Casi yo, si no fuera
porque hace mucho tiempo
que no salgo conmigo
por si el blues de las doce
      me asalta de repente
y se me agarra al alma. Y se la bebe.

No podré, sin ayuda,
subir las escaleras del Smalls,
reintegrarme a la noche
donde están todavía las ventanas
ardiendo en sus bujías de interior.
Casi casi estoy triste.

(Hay aquí una chica que casi eres tú. / Casi. / Todo aquello que tus ojos prometían / lo veo en ella también. / Ahora tus ojos están rojos de llorar.)

La dama de Shanghai

Can't go on, everything I had is gone
Stormy weather
Since my man and I ain't together
Keeps rainin' all the time
Keeps rainin' all the time
            (*Stormy Weather*/BILLIE HOLIDAY)

Desde que se fue, si puedo,
ni siquiera me levanto de la cama.
Pasan las hojas de los libros,
y otra vez al principio, sin provecho.
No recojo la mesa y las películas
las tengo que rebobinar. Si acaso
hablo con Rita Hayworth
o con Maureen O'Hara. Y ya ni eso.

Con esto de la crisis
de las materias primas
la ginebra se ha puesto por las nubes.
¡Y además no deja de llover!

Hay noches en que tengo la esperanza
de que habrá de volver.
Otras veces, en pleno desatino,
creo que todo fue un sueño

y empiezo a canturrear
canciones de Billie Holiday:
Can't go on, everything I had is gone
Stormy weather
Since my man and I ain't together.
Esperando que suenen
las llaves de la casa en el rellano.

Acaso si dejara de llover
podría salir al parque y ver los solitarios
sentados en sus bancos,
esperando a que amaine
la lluvia en su afligido corazón.

Podría incluso bajar a la farmacia
y pedir esa receta
a la bella y altiva farmacéutica
que garantiza el sueño y el olvido.

Pero el hombre del tiempo
hoy lo ha vuelto a decir:
es tiempo de tormentas.
                    Toca abrazarse al blues.

Por lo menos hoy ponen en la 2 *La dama de Shanghai.*

(No puedo seguir. / Todo lo que tenía se ha ido. / Tiempo tormentoso. / Desde que mi hombre y yo no estamos juntos, / sigue lloviendo todo el tiempo, / sigue lloviendo todo el tiempo.)

Tiempo de verano

Summertime, and the livin' is easy.
Fish are jumpin' and the cotton is high.
Oh, your daddy's rich and your ma' is good lookin',
so hush, little baby. Don't you cry
                    (*Summertime*/ELLA FITZGERALD)

Deja que estire un poco más las vacaciones,
que les compre a los chicos de la playa,
ya que no tocan jazz,
alguna baratija que recuerde
nuestro común origen africano.
Tal vez un elefante.

Que repita el gin-tonic
de mañana y de tarde.
Y de noche a las últimas
instancias de la noche.
Después de despedirte y que te exilies
a la otra habitación.

Aquí la vida es fácil.
Nuestro hotel tiene spa,
y en la playa hasta el mar parece amaestrado.
Y a la hora de la brisa los neones
invitan a la música,

a adivinar la receta de los cócteles
por tan solo el color.
¡Hasta los peces saltan de alegría
del agua a las sartenes!

Aquí la vida es fácil.
Aquí lo difícil es vivir
teniéndote tan cerca
y sin haber traído el bañador.

Dejo ya de llorar y salgo a la terraza.
¿Dónde hielo, a estas horas?

(Tiempo de verano, y la vida es fácil. / Los peces saltan y el algodón está alto. / Oh, tu papi es rico y tu madre es guapa, / así que cállate, pequeña, y no llores.)

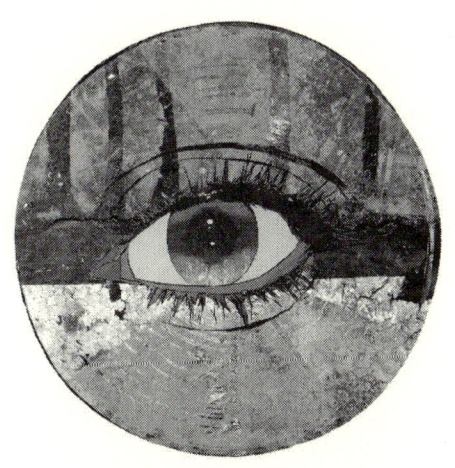

Yo no quiero ser libre

I would rather, I would rather go blind, boy,
Than to see you walk away from me, child,
So you see, I love you so much
That I don't want to watch you leave me, baby
Most of all, I just don't
I just don't want to be free, no
                    (*I'd Rather Go Blind*/BEYONCÉ)

Vivir para ver... ¿qué es lo que dices?
¡Mejor vivir sin ver lo que los ojos
le dicen al corazón,
y el corazón se niega a interpretarlo!

La mentira en sus ojos tras las sábanas.
El temblor imperceptible de los labios.
La sonrisa que no se corresponde.
Lo que no quieres ver y es evidente.
¡Tus manos que no acaban
de capturar lo que es inaprensible!

Hay demasiada música en la noche.
Hay demasiada niebla en la mirada.
Hay demasiado vino aún en las copas.
Pero algo no va bien.
La belleza te esquiva
en el mismo momento en el que es tuya.
O eso es lo que crees.

Ojos para no ver.
Manos que se encadenan
al alféizar incierto de la noche.

Ya no me quieras más.
Te doy tu libertad,
me dices, y es mentira.

Yo no quiero ser libre.
Yo no puedo ser libre.
Yo quiero los grilletes,
los látigos, la oscura

delectación de dar la voluntad
a aquel que no se apiada de nosotros.
Amo manumitido.

Hay demasiada música en la noche.
Hay demasiada niebla en la mirada.
Hay demasiado vino aún en las bocas...

El vendaval se viste de hermosura
y es demasiado el fuego para un cuerpo
que creía que amar era inmolarse.
Lo creía. Lo cree. Fuera yo ciego
de los ojos también.

(Prefiero, prefiero quedarme ciego, baby, / que verte alejarte de mí, niña. / Así que ya lo ves, te amo tanto / que no quiero ver cómo me dejas, baby. / Sobre todo, simplemente no, / simplemente no quiero ser libre, no.)

Los años te han cambiado

(Diamonds shining, dancing,
dining with some man in a restaurant.
Is that all you really want?
No, sophisticated lady,
I know, you miss the love you lost long ago
And when nobody is nigh you cry)
          *(Sophisticated Lady/*CARMEN MCRAE)

Los años te han cambiado.
Yo de alguna manera
te veo sonreír mientras caminas,
con ese ritmo tuyo, tan de jazz,
pero sé que hay fantasmas
que te empujan al borde de un abismo.

Y sé también que lloras
mientras riegas los tiestos.
Yo también lloro un poco cuando es sábado
y tú sales al baile
y yo me quedo en casa
escuchando las viejas
canciones de Carmen McRae.
¿Eso es lo que querías?

Yo toco el tiempo oscuro,
y me engolfo en el vicio de las horas
escuchando a los perros,
confundiendo este viento entre los árboles
con el sonido de las escobillas
del viejo Alvin Stoller.
Las voces, con sus ecos.

Todo lo que tenía ahora se ha hecho viejo.
Todo lo que me queda es solo blues.
¡De qué modo los años me han cambiado!

De alguna manera sé que cuando lloro
tú estás también llorando
por todas esas veces
que no dejé que fueras a bailar.
Por las horas sin sol y sin diamantes,
los cigarros sin lumbre y las noches sin luna.

Y sé también que lloras
porque sabes que sueño con tu cuerpo
bailando entre mis dedos, con tus labios
hablándome al oído.
Deshojando esas rosas de noviembre,
hermosas, imposibles.

Sé que ni de lejos
soy todo lo que quieres. Tú eres todo

lo que quise con ansia, lo que sigo
queriendo con demencia
cada vez que te veo en el espejo.

Los años te han cambiado,
mujer sofisticada, ángel tardío.
Baila y llora. Tú puedes
jugar un rato más con las luciérnagas.
Darle luz a la noche y a los sueños.
¿Mas qué puedo hacer yo
por ser sin ser contigo?
Más allá de la noche,
¿qué puede hacer la noche con un blues?

(Diamantes brillando, bailando, / cenando con un hombre en un restaurante. / ¿Realmente eso es todo lo que quieres? / No, señora sofisticada, / sé que extrañas el amor que perdiste hace mucho tiempo, / y lloras cuando no hay nadie cerca.)

Mantienes las distancias

What's the difference if I say
I'll go away,
when I know I'll come back
on my knees someday
        (*My Man*/BILLIE HOLIDAY)

Mantienes las distancias.
Yo te miro moverte
en la orilla del muro del silencio.
Imposible cruzar
con este temporal al otro lado.
La pandemia del tiempo se lo ha llevado todo.

Y me acuesto temprano,
doblando bien la ropa y el dolor.
Y me parece oír en la cocina
tintineo de hielos.
La voz de Billie Holiday:
¿De qué sirve que diga que me voy
si sé que volveré
mañana de rodillas?

Pero no abro la puerta.
Hace tiempo que creo en los fantasmas.

Y paso así la noche hasta que escucho
el grito del milano.
También quiero gritar. Pero no puedo.
Es mejor emplearse en el camino,
ir contando los pasos,
darles ritmo de blues:
¿De qué sirve que diga que me voy?
si sé que volveré
mañana de rodillas?

Pasan luego las nubes,
y los grajos zozobran,
lastrados por el frío.
¿Dónde van en invierno los gorriones?

(¿De qué sirve que diga que me voy / si sé que volveré / mañana de rodillas?)

La soledad se ungió para la tarde

In my solitude
you haunt me
with reveries
of days gone by
(*In my solitude*/NINA SIMONE)

La soledad se ungió para la tarde,
con su aceite de olvidos,
como el moroso vuelo del milano.
Como el frío en los pies, sobre la hierba.
Como el oro del sol
derrochando su luz en los tapiales.

La soledad se ungió para el tabaco,
encendiendo su hoguera entre los dedos
en previsión del aire
inclemente de octubre.
Un ruido de escobillas en las ramas,
un pulso liminar de contrabajos
que convoca el aullido de los lobos
a su solo de jazz
nocturno, derrotado, resiliente.

El fuego que se aviva, al fin, para la noche.
Las brasas de la vida. Los rescoldos

del amor que resiste y persevera
a pesar del milano,
a pesar de la noche,
a pesar de la muerte y el silencio.

¡Ay si fuera mi pipa
esta noche mi saxo! Tocaría
hasta pasar los fuertes y fronteras.

In my solitude
you haunt me
with reveries
of days gone by.
Volverían los sueños. Reventarían
de luz y de añoranza las luciérnagas.

(En mi soledad / me persigues/ con ensueños/ de los días pasados.)

La suerte está en mi contra

> *And I tread a troubled track.*
> *My odds are stacked.*
> *I'll go back to black*
> (*Back to Black*/AMY WINEHOUSE)

Pienso en ti mientras veo,
uno detrás de otro,
vídeos de Amy Winehouse.

La suerte está en mi contra.
La vida es una pipa
y yo soy un centavo
que rueda por detrás de las paredes.

Te digo que es verdad.
Pero tú no hagas caso.
Sigue mejor con tu vida…

Ella tiene esas piernas de palillo,
y tú ese andar que rompe las costuras.
Y todo lo que dice
lo dice con la lengua

                    y con los ojos.

Como tú lo decías
con tu boca torcida
y esos ojos que no dejan mirar
otra cosa que no sean esos ojos.

Me gusta cómo canta,
cómo sabe no estar,
sobre todo, si anda puesta...
O andaba, ya lo sabes.

No me digas por qué.
Con la pipa apagada
las monedas royéndome el estómago
y la cadencia del ventilador
al ritmo de la música.
Y un vídeo y otro vídeo y otro vídeo...
Tú eres mucho más guapa,
aunque cantes peor.
Las dos me volvéis loco
con ese medio baile
que ha hecho temblar al mundo...

Y lo sé, lo sé, lo sé de cierto:
la suerte está en mi contra.

Ninguna de las dos me habéis querido.

(Yo sigo un camino peligroso. / La suerte está en mi contra. / Volveré al duelo.)

Reveries

In n my solitude
you taunt me
with memories
that never die
(*In my solitude*/CARMEN MCRAE)

Desde que cumplí los ocho años
no he vuelto a tener miedo de lo oscuro.
De cruzar el pasillo
de la casa en penumbra de la abuela:
espectros por detrás, espectros por delante,
espectros tras las puertas
de las habitaciones.
Dedos de muerto ávidos, golosos de mi piel.

Ahora, sin embargo, no puedo estar sentado
a oscuras en la noche
sin ginebra o sin música.

Desde que me has dejado sin marcharte,
siento que me persiguen en la sombra
tu risa y los falaces
recuerdos del pasado.
Tus penosas mentiras. Las imágenes
de los días felices y su olor a ectoplasma,

que en eso se han quedado: pudriciones,
bubón, cadaverina.

Y esa voz de Chuck Richards
que atormenta en mi mente
con su extrema ternura:
En mi soledad
te burlas de mí
con recuerdos
que nunca mueren.

Y si cierro los ojos
sigo oyendo el latido del reloj
como cuando escuchaba
el latido del mundo
con el oído cerca de tu pecho:
¡Columnas de una arcadia sumergida!

Y siento que aterriza
sobre mi piel tu mano de fantasma.

Que te burlas de mí. Que me persigues.
Una noche, otra noche...

Sin ginebra y sin música,
si sigo así voy a volverme loco.

(En mi soledad / te burlas de mí / con recuerdos / que nunca mueren.)

Sentimental

I'm getting sentimental over you.
I thought I was happy I could live without love,
Now I must admit, love is all I'm thinking of
            (*I'm gettin sentimental over you*/THE INK SPOTS)

Me dices que es mentira lo que escribo:
quimeras, embeleco, poesía…
¡Qué se yo lo que dices!
Puede ser. No te digo que no.

Por eso me retiro cada vez que te enconas.
Por eso vuelvo a casa
pensando en los cigarros
que nunca fumaré.
En el vaho, en el frío de esta noche
en la que Venus luce
sus galas de misterio y de inquietud.
Y cuando llego a casa,
a salvo de tus ojos,
cn mi orilla del río
enciendo el fuego y pienso en el pasado.

Creí que era posible
poder vivir civilizadamente,
amiga, sin amor.
Pero debo admitir que estaba equivocado.

Ahora estoy en casa, tan lejos de tus manos,
tan cerca de tus ojos…
Siento un frío de muerte recorrerme la espalda
y escucho a estos muchachos,
como manchas de tinta,
cantando junto a Ella:
En cada vida ha de caer algo de lluvia…

Y pienso que, definitivamente,
me estoy poniendo, amor, sentimental.

Me dices que es mentira lo que escribo:
quimeras, embeleco, poesía.
¡Quién te dice que no!

Creí que era posible
poder vivir civilizadamente,
amiga, sin amor.

Sentimental, mojado, derretido
como el hielo en que nada este gin-tonic,
que tiene el fuego demasiado próximo.

Debo admitir que estaba equivocado.

(Me estoy poniendo sentimental pensando en ti. / Pensé que sería feliz si pudiera vivir sin amor. / Ahora debo admitir que el amor es en lo único que pienso.)

LISTADO DE MÚSICA EN YOUTUBE

Bourbon con Ben Webster (Tenderly, Ben Webster):
https://www.youtube.com/watch?v=rFK4wpShs5g
Que no acabe este blues (I Got The Blues, Rolling Stones):
https://www.youtube.com/watch?v=XyV-jkj0EDI
Demasiado tarde (Too Late Blues, The Weeknd):
https://www.youtube.com/watch?v=GMsHQZTbbUM
Amor ciego de amor (I'd Rather Go Blind, Etta James)
https://youtu.be/Bcus42ihkTI?list=RDBcus42ihkTI
Cuando Helen mató a Lee (Search For The New Land, Lee Morgan)
https://www.youtube.com/watch?v=YDfkkRa1VA8
Deep River (Deep River, Doc Watson)
https://www.youtube.com/watch?v=3wUMMFJLgEs
El Silencio de Roy Etzel (El silencio, Roy Etzel)
https://www.youtube.com/watch?v=vN6TQP8v0L8
Tiempos difíciles (Hard Times Blues, Vargas Blues Band)
https://www.youtube.com/watch?v=lRcWAnlpqIE
He soñado de nuevo con el jazz (Les feuilles mortes, Jacques Prévert
/ Pedro Iturralde)
https://www.youtube.com/watch?v=r0VjfynfU50
Es tan corto el amor (I Got The Blues, Sam Myers)
https://www.youtube.com/watch?v=N-KluFB9A8M
Semana de aguaceros (Storm Monday, Cream)
https://www.youtube.com/watch?v=X5IdtqFf95g
Solo amigos, lovers no more (Just Friends, Lovers No More, Chet Baker)
https://www.youtube.com/watch?v=mWQc_1b3sNg

Azul brumoso (Misty Blue, Dorothy Moore)
https://www.youtube.com/watch?v=dFUDub7m3cU
Almost Blue en el Smalls Jazz de NY (Almost Blue, Chet Baker)
https://www.youtube.com/watch?v=z4PKzz81m5c
La dama de Shanghai (Stormy Weather, Billie Holiday)
https://www.youtube.com/watch?v=EIgVCU19pjg
Tiempo de verano (Summertime, Ella Fitzgerald)
https://www.youtube.com/watch?v=VZRgiuAXRAs
Yo no quiero ser libre (I'd Rather Go Blind, Beyoncé)
https://www.youtube.com/watch?v=s7FRpMiaa4Q
Los años te han cambiado (Sophisticated Lady, Sara Vaughan)
https://www.youtube.com/watch?v=fxKK27U3Xjo
Mantienes las distancias (My Man, Billie Holiday)
https://www.youtube.com/watch?v=IQlehVpcAes
La soledad se ungió para la tarde (In My Solitude, Nina Simone)
https://www.youtube.com/watch?v=es_BZvUKMpw
La suerte está en mi contra (Back To Black, Amy Winehouse)
https://www.youtube.com/watch?v=TJAfLE39ZZ8
Reveries (In My Solitude, Carmen McRae)
https://www.youtube.com/watch?v=t68bCfNel9U
Sentimental (I'm Gettin Sentimental Over You, The Ink Spots)
https://www.youtube.com/watch?v=13EGwRjcqg0

ÍNDICE

Bourbon con la novia de Ben Webster   7

Que no acabe este blues   9

Demasiado tarde   11

Amor ciego de amor   14

Cuando Helen mató a Lee   16

Deep River (No hay nadie que llore por mí)   20

El Silencio de Roy Etzel   23

Tiempos difíciles   26

He soñado de nuevo con el jazz   28

Es tan corto el amor   30

Semana de aguaceros   33

Solo amigos, lovers no more   36

Azul brumoso   38

Almost Blue en el Smalls Jazz de NY   40

La dama de Shanghai   43

Tiempo de verano   45

Yo no quiero ser libre   47

Los años te han cambiado   50

Mantienes las distancias   53

La soledad se ungió para la tarde   55

La suerte está en mi contra   58

Reveries   61

Sentimental   63

Listado YouTube   65